서정시학 시인선 [016]

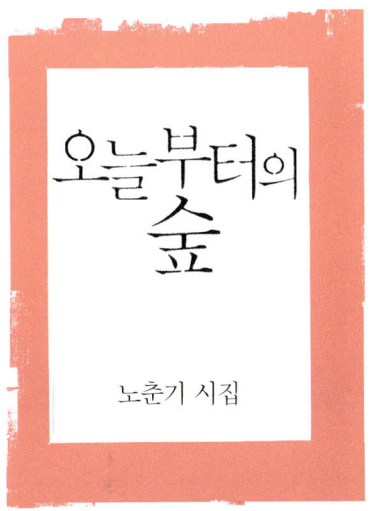

오늘부터의 숲

노춘기 시집

서정시학

서정시학 시인선 |016|
오늘부터의 숲

펴낸날 / 2007년 6월 28일

지은이 / 노춘기
펴낸이 / 김구슬
펴낸곳 / 서정시학

주소 / 서울시 성북구 동선동 1가 48 백옥빌딩 6층
전화 / 02-928-7016
팩스 / 02-922-7017
이메일 / poemq@dreamwiz.com
출판등록 / 209-07-99337

ISBN 978-89-92362-17-7

값은 뒤표지에 있습니다.
잘못된 책은 바꾸어 드립니다.
도서 공급은 도서출판 해토(031-812-7164)에서 합니다.

오늘부터의 숲

〈헌사〉

이 몸이 태어난 이유로 쓴 삶을 강물 째 들이키신 어머니와 외할머니, 두 분께 이 시집을 바칩니다.

시인의 말

  나는 둘 이상의 몸을 가졌다. 정신이 아주 맑은 한밤에 들리는, 내 이름을 부르는 소리들은 다 내가 거느린 육신들로부터 솟구친다. 내가 걷고, 앉고, 엎드리고, 구부정해지는 어떤 순간의 배면에서 튀어나와 휙 스치며 시야 밖으로 사라지는, 내 몸을 떠나는 것들. 나는 그것을 붙들고 싶었다. 붙들어야 했다. 어떤 것들은 그럴 수 없었지만.

*

  내 안에서 그것은 아주 길다. 너무 길어서 또아리를 틀고, 매듭을 맺고, 일부를 잃어버리게 되는 그것은 결코 내가 아니다. 나는 내 몸을 장악한 모든 것들의 외부에 있다. 정확히 말하면, 불분명한 그것들의 세포막에 딱 붙어 있다. 나에게 시는 바로 그 순간의 확인이었다.

*

  조금쯤 더 깊은 밤을 지나가게 될 것이다.

2007년 6월

목차

시인의 말

1부

잘 기억나지 않는 나무 13
그의 웃음 14
Suicide Bubble 16
형광등의 시선 18
한 치도 움직이지 않고 19
그가 떠난 뒤 21
머리카락은 썩지 않는다 23
이 버튼을 누르지 마시오 25
꽃잎에게 나는 27
독(毒)에 들다 28
지숙이, 잊혀진 마을에서 29
마릴린의 치마 31
감기 33
그와 나 사이로 굽은 길 35

2부

염소떼가 길 위에 드리운 것 39

빠른 사철나무길　40
거미　42
고양이가 있다　44
문이 없고, 그가 멈추지 않는다　46
그늘이 있다　48
머리카락들이 일제히　50
면도날　52
무단횡단하는 노을　54
그믐이었다　56
멈추는 사람　58
서슬을 치켜들고　60
물 아래의 몸　62
내 것이 아닌 손바닥　64

3부

오늘부터의 숲　69
무수한 옆집 지붕들을 내려다보는 저녁　70
검은 양초를 둔 테이블　72
어머니, 장다리꽃　74
변신　76
톱니바퀴들의 숲　78

사과가 있는 정물　79

가방은 큰 입을 가졌네　81

흑점　83

어느 날 수평선의 중심에서　84

눈감으면 어둠이다　86

폐가(廢家)의 힘　88

비둘기　89

고양이에게 고양이를　91

꽃잎　93

검은 새　94

4부

담쟁이덩굴 밑에서 낙서가 자란다　99

구멍의 깊이　100

이슬을 건너다　101

그의 우산　102

처녀가 보인다　103

붉은 방　105

창 밖의 그들　106

누군가 식사시간을 알려주었네　108

골목 이야기　110

안개로부터 시작되는 111

발문 112

1부

잘 기억나지 않는 나무

그의 몸 속에 나무가 자란다
머리에서부터 발끝을 향하여
거꾸로 매달린 나무와
나선형의 수맥을 그는 가졌다
나무는 그의 모든 것에 불구하고 자란다
그의 손끝으로 머리를 내밀고
나무는 몸 밖을 내다본다
그의 바깥은 고요하고,
나무들이 가득하다
먼저 나온 나무들이 눈을 감고 있다
그의 바깥엔 으르렁대는 침묵
침묵과 침묵 사이에 빈 틈,
틈이 너무 많다
눈빛을 가린 잎들이 뒤척인다
바람이 분다
애써 불면중인 나무들
얇은 가지 끝으로 그가 빠져 나오는 게 보인다
포기하지 않고 나무들이 자란다

그의 웃음

그가 내 비단잉어를
구워먹었네
그는 웃지 않았네
웃지 않았으니
그는 유리턱 그의 입가에
하얗고 네모난 톱니들이 돋아나네
그가 내 잉어를
거짓으로 몰아가네
그는 웃음보다 우물을
선택했네 잘 되었어
그는 살아야 하니까
내 잉어의 잘 익은 비린내를 껴안고
식탁에서 우물까지 걸어가야 하니까
그의 턱은 쉬지 않네
그가 사라진 우물 속
비린내처럼 별들이 돋네
비단잉어가 삼켜버린 우물과
우물이 데리고 간 기억에 대해

나는 오래 생각하고 있네

Suicide Bubble

느리지도 빠르지도 않게
바깥을 향하여
맥주거품이 치솟는다
유리벽 너머를 응시한다
알몸을 빙글 뒤집으며
날아오른다
오 천국; 오 천장;
거품더미 연옥을 예감하며
라라라 노래를 부른다
멀리 있는 것들이여
내 밑으로 내려가라
라라라 라라라
훤히 보이는 바닥에서
낳는 자 없이 태어난 것들이
죄 없이 투명한 것들이
수면 위에 켜켜이 싸이는
천만송이 흰 꽃잎 무더기
꽃잎이 세계를 품는

윤곽이 사탕처럼 녹아흐르는
거품 속으로
거품 속으로

형광등의 시선

이곳의 사물들은 모두 올려다보는 자세로군
형광등의 시선 아래, 입을 벌리고 누워 있군

형광등 속으로
빈 방을 비게 만드는 시선 속으로
형광등의 위치로 점프하기

몸을 눕혀서, 형광등처럼 푸른
몸을 눕혀서, 가장 높은 곳으로

손끝에
빈 방이 모두 사라질 만큼의 허공이 있다

어두운 사물들이 눈을 감고 있다
이 가면들, 사물들, 모르는 것들

형광등 너머로부터 불안한 파장의 비, 내린다
빈 방에 누운 것들이 서로의 시선을 피하고 있다

한치도 움직이지 않고

재떨이 속으로 들어가
구겨진 담배꽁초 곁에 누워본다
아랫도리가 축축하다
맨살에 엉기는 어둠의 습기
위로 백열등 불빛 쏟아진다
이곳의 알몸들과 한 몸이었던 적이 있다
모로 누운 뒷모습에게 말을 걸어본다
이곳을 기억할 수 있겠니
창 밖의 바람이 무척 드센데
그녀의 머리맡에 비둘기 몇 마리
몸을 떨고 있다 잿빛 날개에서
젖은 개흙 냄새가 난다
잔뜩 웅크린 그녀는 대답이 없다
한치도 움직이지 않고 옷을 바꾼다
머리카락이 길어졌다가 짧아진다
한치도 움직이지 않은 그녀의
목덜미가 크게 흔들렸으나
나는 그녀의 머리카락만을 바라보고 있다

지금 몇 시나 되었는지
그녀의 귀밑, 베인 자국 아래
새벽빛이 고인다
이곳에서 분명히 할 말이 있었고
가슴께에서 몇 번이나 쇳소리를 들었다

그가 떠난 뒤

일어설 때가 아니다
전동차는 아직 멈추지 않았고
그는 곧 떠난다 잠시 후면
그의 배경을 노려보는 시선들,
문은 그 사이에 열린다
그가 문을 나설 수 있을까
몇 명의 사내들이 등 쪽에 바짝 붙어 있다
아직 내 순서가 아니지만
그가 움직인 동선을 향하여
흔들리지 않는 질서가 세워졌다
열차의 진행 방향은 그 증거다
이제 곧 열차가 멈춘다
들이킨 숨을 내쉬기 직전,
그 틈 한가운데에 이 순간이 있다
그런데 과연 문이 열리겠는가
그곳에 문밖이 있겠는가
볼 수 없게 되어 있는 쪽으로
누가 흘깃 쳐다본다

그리고 모든 일은 즉시 일어난다
그는 이곳에 없다
상처 없이, 그의 길이 문 밖으로 향했다

머리카락은 썩지 않는다

머리카락 한 올이 발바닥에 붙어 떨어지지 않더니
무성하게 자라나 발목을 휘감아 오른다

  — 한 여자가 머리를 빗고 있다
  — 그 옆에서 한 여자가 졸고 있다

어떤 밤의 장면들이 소나기처럼 어깨 위로 쏟아진다
옷섶을 파고든 그것들은 하나씩 제자리를 찾아
내 몸의 어디로 간다 발밑에서
길고 선명한 머리카락은 뜨거워지고

  — 한 여자가 잠에서 깨어난다
  — 손 끝에 한움큼 쥐어진 머리카락이 보인다

단지 한 순간 발끝이 저릿했을 뿐인데
내 몸의 경계에서 안으로
천둥이 친다 몸 속 어디에선가
그날이 회상되고 있다

― 한 여자가 머리를 빗고 있다
― 창문 너머에서 거울이 빛을 내뿜으며 웃고 있다

거실은 벌써 어둑어둑해져 있었다
나는 재빨리 발끝으로부터 빠져나왔다

이 버튼을 누르지 마시오

네가 입술을 닫기 직전에
혀가 살짝 천장을 향하는
순간이 있다, 상상이 그 입술 안쪽으로 쏟아지는
그런 시간은 짧다
기억이 없다
이 빈 방에, 내가 누를 수 있는 건
방문을 잠그는 버튼밖에 없다
몸을 일으켜 그 버튼을 누른 후
방안에서 무슨 일이 있을까
몸을 눕히고 그 입술 너머에서
있지도 않은 기억을 찾아 헤매는 동안
무수히 닫히는 문들을 본다
내가 몸을 일으키지 않았기 때문에 이 방 안으로 쏟아
지는
상상들, 나는 그런 기억을 가진 적이 없다
너에게 단 한 번도 같은 말을 하지 않았다
이 방 안에서 나는 종일토록 동어반복이다
버튼을 누르거나 방밖으로 나갈 때까지

어떤 경이도 없이 이 방에 불이 켜질 때까지
밤이 오고 다른 밤이 오고 다른 밤이 오고
방 안에 낯선 사람들이 빠르게 가득 찬다
초대하지 않은 얼굴들의 소란한 파티
몸을 일으키지 않고, 버튼을 누르지 않는 동안
내도록 방이 어둡다
그 입술 너머에 네가 없는 것처럼

꽃잎에게 나는

떨어지는 꽃잎에게
나는 두 번째라네
깊은 그늘에 숨어
싱그러운 눈짓을 바라보았지
놀라워라 햇살이 물방울처럼 돋아
길을 만드네
숲의 안쪽에서 그녀만이 온전히 주인
이 숲에선 상상조차 그녀에게 헌납되었지
그녀는 속삭임, 그녀는 무도회,
잊혀지는 저녁과 귀기울임
이 숲은 그녀의 것
꽃잎에게 두 번째는 없지
망설이지 않고 사라지는 저것에게
나는 두 번째여서
우두커니 선 채로 어두워지네
그리고, 모든 게 눈앞이지
떨어지는 동안, 내내
꽃잎은 세상의 모든 것에 앞서네

독(毒)에 들다

상처받은 사람은 위험해요
그들은 살아남는 법을 알지요

아픈 방에 구멍이 뚫리고
아픈 창문에 구멍이 뚫리고
아픈 의자에 구멍이 뚫리고

그러므로 위로란, 어둠을 거느리는 법

아픈 방이 아프고
아픈 꽃이 아프고

꽃병이, 커튼이, 전등이
천장 밑에 주렁주렁 매달려

뛰어내릴 채비를 하네
시간이 반쯤 지워졌네

지숙이, 잊혀진 마을에서

바람은 연탄재가 즐비하던 개천에서 불어왔다 뚝방길은 내내 어둑했다 썩은 강, 조개탄, 탱자나무 울타리, 연탄가스로 죽은 아이의 이름은 지숙이 학교 앞 커다란 플라타너스에서 뛰어내린 친구 녀석은 다리가 부러졌다

우체국 앞을 질주하던 오토바이에 머리를 들이받은 날 다행히 아버지는 야근이었다 새벽에 귀가하는 그의 작업복에서 마른 빵 냄새가 났다

나는 시큼한 개미를 즐겨 먹었다 손끝에서 죽은 놈은 먹지 않았다 외할머니가 쌀가마니를 부려놓고 가셨던 여름 지숙이는 빈집을 지키다가 죽었다

마을을 떠나는 길은 모두 구불구불했다 버스가 다니는 길이 모퉁이를 돌면 벽돌 공장이 있다고 했다 지숙이는 아버지 친구의 딸이었다

개천가의 쓰레기 더미에서는 생전 처음 보는 물건들

이 발견되곤 했다 친구들이 망각을 향해 달려가던 오후, 지숙이는 빈 교실에서 숙제를 하고 있었다 창밖으로 용설란 꽃대궁의 높은 키가 보였다

 어둠이 서둘러 가시울타리를 빠져나가던, 구멍투성이 운동장, 아무나 흔들던 낡은 종, 찰흙으로 만든 말들이 아름드리 플라타너스 그늘에서 색이 바래고 계절은 빠르게 잊혀져 갔다

 나도 잊혀졌다 그곳에서, 내가 이름을 부르면 지숙이는 흰 얼굴을 들어올린다 나는 삐걱거리는 나무 복도에 서 있고 지숙이는 빈 교실에 있다 그 복도를 떠나고 싶지 않았다

마릴린의 치마
— 육신을 떠난 체온은 집요하게 길을 되돌린다 반복이 그 순간의 앞과 뒤를 지운다 말끔하게

바람이 불었고 열차는 떠났네
빠르게 밀려드는 풍경들
처음 보네 그녀의 시야 밖으로
오동잎 몇 장 뛰쳐나가네
들판 위에 내려앉는, 푸르고 드넓은 치마폭
어머니 주름치마에 젖은 손을 닦으시고
마릴린의 이름을 부르네 부엌문을 나서네
마릴린의 어깨를 짚으시네
그 손끝 부디 오래 머물지 않기를
치마 밑엔 아무것도 없어요
허리 아래를 통째로 삼켜버렸어요
뒤뜰엔 단 한 장의 낙엽도 남지 않았네
아버지 같은 바람이 밤새 서성거렸네
오동 큰 잎 그늘 안쪽으로, 바람
마릴린 흰 손에 지그시 눌린
바람, 연기처럼 위로만 부푸는,
치마 아래로부터 열차는 떠났네
처음 보는 마을 어귀에 처음 보는

노을이 누웠네 그리고 터널이었네
마릴린은 어두웠다가 다시 밝아지는
창 밖에서 시선을 거두지 못하네
뒷짐진 채 서 있는 어두운 나무 한 그루
잎들이 지고 있네 모조리

감기

입술이 양파처럼 자꾸 씹혀
자꾸 추워져 내 피를 견디기 힘들어

구름이 나를 꿈꾸고 있어
눈에 비치는 것들은 다
바닥 없는 구름 위에 떠 있어

먼 곳의 현수막처럼 펄럭이는
그 시선을 그대라 믿을 수 없어
빗소리가 들려 귀밑에서
큰비가 내리고 있어

구름의 말을 듣겠어
그대를 전염시키겠어
들끓는 구름이 혈관을 타고
그대에게 건너가는 걸 보겠어

이렇게 자꾸 입술을 뜯어먹다 보면

눈이 커다란 구름이
입 속에서 말을 걸어올 것 같아

그와 나 사이로 굽은 길

우물이 말하는 것 들어보셨는지, 어느 날

그냥 몇 개의 문장이 머리 속에서
생겨났고, 나는 그것이
그의 것임을 의심할 수 없었고

그건 꿈 속의 우물에서 내가 어떤
사내도 집어올리지 않았기 때문일지 몰라
다른 어떤 꿈도 꾸지 않았어
그와 나 사이에 길이 열린 건,
곧 그는 나, 라는 것. 우물이 속삭인
소리는 영원히 나의 소유물이야

어느 날, 나는, 우물 속에서 기어 나오고
우물 밑에서 내 디딤발을 붙들며
다시 내가 기어오르고, 그 밑에 또,
그 어느 날의 내가,
이끼 낀 손을 치켜 들며

우물 밖으로 쓰러지는,
내 소유가 아닌 몸을 지켜보는 것이지

우물은 아주 깊고
우물은 치렁치렁한 물결로 가득하고
우물은 비린내 나는 짐승의 주둥이처럼
어떤 소리를 내지르지

우물이 말하는 것 들어보셨는지 그 옆에서 하늘을 올려다보면 우물의 꼬리가 구름으로부터 곧게 지상으로 내려온다는 이야기 들어보셨는지 나는 구름의 꼬리를 꽉 쥐고

나는 그것을 둥글게 말았다가 잠시 뒤에 다시 폈다 한동안 잘 펴지지 않았다 손바닥에 검은 물때가 번들거렸다

2부

염소떼가 길 위에 드리운 것

그가 들어서자 그곳은 이미 길이 아니었다
난데없는 염소떼가 그를 둘러쌌다고 느낀 순간
사방은 염소들의 무표정으로 빈틈없이 차올랐다
용서라곤 모르는 자들처럼 눈을 부라리며 염소들은
제 머리가 닿은 염소의 허벅지를 물어뜯었다
어떤 염소들은 사람의 말을 내뱉기도 하는 것이었다
부적 글씨처럼 피가 엉긴 털뭉치가 발굽 아래로 가득했고
짧은 털들이 지전(紙錢)처럼 공중에서 흩어졌다
사람들은 다 어디로 간 걸까 2천년쯤 전에
거대한 발굽들처럼 쏟아져내린 운석과 함께
염소떼들의 빙하기가 시작되었을지도 모를 일이었다
손들이 항복, 항복히라구 항복의 진눈깨비가 내렸다
항복의 얼음덩이가 그를 내리 눌렀다 너무 눈부신
염소떼와 염소떼와 염소떼들, 눈을 뜰 수가 없었다
태양을 가리며 백색의 빙산들이 일어서고 있었다
그믐처럼 웃고 있었다.

빠른 사철나무길

눈감으면 질주야
낮은 돌담 위로 온통
빠르게 지나는 잎잎들이야
이 길 끝에 바다가 있을 거라 생각해
멈추고 싶지 않아
이 속도를 놓칠 때도 있어
그러면 소리가 들려
모르는 여자들 너머에서 내 이름이 들려
서늘한 어머니들
악의 없었으면 해, 다만
이곳에서 나는 차츰 유일해져 가
유일하므로 이름이 곧 세계가 되는,
사철나무 길을 지나고 있어
얼굴을 가리고 나무 뒤에 숨어
녹슨 여자들이 울고 있어
기억하고 싶지 않아, 말해 주어야 하는데
길은 멈추지 않아
오버랩 될 뿐이지 달이 떠오르면

어제가 시작될 거야
기억되고 싶지 않아

거미

다시 오고 싶지 않았어
좁고 긴 헛간
부러진 의자와 철사 꾸러미와
날개 없는 귀뚜라미들의 서식처
빛이 새어들면 더욱 팽팽해지는 어둠 속에서
저녁이 끝나가는 소리를 듣고 싶진 않았어
해묵은 여성지 속에는 이국 여자들이
이마의 여드름을 손가락질하며 웃고 있었어
가사를 기억할 수 없는 노래가 들려왔어
숨을 죽이면 눈앞까지 어두웠지
먼지들이 손가락 사이에서 날아올랐어
지붕에서 더러운 물이 떨어질 것 같았어
목덜미를 쓰다듬던 바람이 속삭였어
움직이지 마, 곧 끝날 거야
한 천년쯤 흔들리지 않을 것 같던
그녀가 내려오고 있었어
귀뚜라미들이 사방으로 흩어졌어
숨이 막혔어 유리창 깨지는 소리가 났어

얇은 적막을 찢으며 누군가 들어오는
소리가 났어 그녀가 내려오고 있었어
굵은 주름살, 깊게 패인 눈, 곧 웃을 것 같은
그녀의 얼굴이 보였어
미끌거리는 내 손으로
그녀를 죽일 것만 같았어

고양이가 있다

 엘리베이터 어딘가에 고양이가 살고 있다 숫자판의 불빛이 잠시 꺼지는 7층과 8층 사이 정확히 말해 버튼7과 버튼8 사이에서 뾰죽한 수염이 손끝을 건드렸다 틀림없다 8층에서 문이 열리기 직전 짧은 벨소리 뒤에 숨어 울음소리를 냈다

 803호의 젊은 부부는 엘리베이터 안으로 유모차를 들이밀었다 올라갑니다 아무렇지도 않다는 듯이 웃음을 지어보이는 사내의 눈은 충혈되어 있었다 여자는 유모차의 차양을 밑으로 끌어내렸다 손톱의 매니큐어는 네이비블루 알 수 없는 물기가 잠시 번뜩였다

 11층에서 내린 후 한참을 서 있었다 확실히 그 안에 고양이가 있다 어쩌면 이 아파트는 고양이의 발자국과 함께 낡아온 것인지도 모른다 며칠 전부터 창틀에 쌓이는 털뭉치는 그 증거다 틀림없이 803호의 부부도 밤새 그 털을 닦아내야 했으리라

머리 위에서 벨소리가 울렸다 벨소리보다 길게 고양이가 울었다 엘리베이터는 맨 꼭대기에서 잠시 멈추었다가 급히 내려오고 있었다 목이 가려웠다

문이 없고, 그가 멈추지 않는다

물은 목 언저리까지 차오른다
다리를 감아오르는 수초 줄기가
차갑다 집이 필요해, 하지만
더 이상 떠내려가지 못하는 몸은
실한 기둥이 될 수 없다
수초를 얽어 엮은 울타리를
파고드는 은어 한 마리
살을 더듬는다 내 몸을
열고 싶은 걸까
수온에 익숙해진 몸 어디에도
그를 물 밖으로 데려다줄
문은 없다 그는 두드린다
멈추지 않는 그의 입술은
미끄럽다 내 살의 어딘가를 짚어오는
얼음처럼 빛나는 주둥이
그를 만지고 싶다
문은 닫혀버렸다
움직이는 것들을 감지하기에는 너무 오래

정지해 있었다
그가 입맞추는 자리마다
얼음 가시가 돋친다
돋치는 걸, 본다

그늘이 있다

어둠은 미끄럽다 골목 이쪽에서
육중한 발걸음이 이동할 때
골목을 지나는 침묵들이
어둠을 견디지 못하고 쓰러질 때
벽과 벽 사이 혹은 어둠 속에
더 어두운 그늘이 있다

아무도 그곳에 들어서지 않는,
길모퉁이 안쪽에서 대숲처럼 서걱거리는,
죽은 여자들이 사선으로 솟구치고
함부로 버려진 담배꽁초 끝에서
입을 가린 이름들이 타오르는

그늘이 있다 어느 저녁의
귀갓길 한 모퉁이가 움찔하며
빛을 발하는 순간
눈이 환해지고 보도블록 틈새에서
투명한 유충이 발을 내밀면

구름과 구름 사이 언뜻 보이는 빈틈처럼
쓰다듬어 주고 싶은 머릿결 혹은
내려가고 싶은 그늘이 있다

머리카락들이 일제히

27층 아파트의 난간에 올라앉은 그녀
알 수 없는 노래를 흥얼거렸다
해가 지고 있었다 저녁의 바람이
건물 외벽을 긁으며 소리를 냈다
그녀의 무릎 위에서, 잠든 아이의
새털 같은 머리카락이 흔들렸다
퇴근하는 차량들을 따라 어둠이
주차장으로 기어드는 것이 보였다
110동 출입구로 들어가던 계집아이가
그녀의 베란다를 올려보았다
안방에서 전화벨이 울렸다
전화벨이 울렸다
계집아이가 어딘가로 뛰어갔다
지하상가에서 나오던 여자들이 소리를 질렀다
바람이 불어왔다
아이가 잠시 버둥거렸다
안방에서 천천히 걸어나온 전화벨 소리는
그녀의 목덜미를 쓰다듬었다

머리카락들이 일제히 치솟았다

면도날

면도날, 너무 투명해서 그 너머까지 보일 거라고 생각한 적이 있다
면도날, 아버지의 턱밑에 검게 말라붙은 핏자국을 보았다
면도날, 배고플 때엔 빵처럼 부풀기도 했다
면도날, 그 여자들의 입 속엔 정말 들어 있었을까 면도날,
아저씨 제 목을 비틀지 말란 말예요
너는 가끔 너무 제멋대로야
면도날, 아버지의 높게 쳐든 손끝이 보이지 않았다
오빠, 그거 먹는 거?
그 입 속에 조청 같은 피가 고일거야
면도날, 어머니는 좀처럼 돌아오지 않았다
면도날, 부엌에서 연탄 냄새가 들썩거렸다
면도날, 입 안에서 모래알이 씹혔다
처마 밑으로 당분간 눈이 내리지 않을 예정이었고
면도날, 밤이 다 지나도록 별이 보이지 않았다
동생과 나는 두 손에 공포를 가득 쥐고서

면도날 같은 마당 한가운데에 서 있었다, 더 이상은
면도날, 겨드랑이에서 검은 수염이 자라고
면도날, 오빠 그러지마 무서워
면도날, 그날 내가 하지 못한 것,
아버지는 알 수 없었다.

무단횡단하는 노을

 그는 입술을 깨물었다 종묘공원에서 세운상가 쪽으로 노을, 거짓말처럼 선명한 노을이 기울고 있었다 정류장의 사내들을 밀치며 너러운 옷의 여자가 도로로 뛰어들었다 노을, 그녀의 잡채 같은 머리에 온통 꽃빛이었다

 아무도 그녀를 붙들 수 없었다 달리는 차들의 본넷 위로 옷가지를 벗어던지며 취기 어린 소리를 내지르는 그녀, 잠시 죽은 아내의 몇 올 머리카락에 대해서 그는 생각했지만 그녀의 내력은 8차선 도로 위에서만 유유했다 마치 못 본 것처럼 흰색 승용차가 앙칼진 손아귀를 벗어났다 그녀의 걸음걸이가 헝클어진 머리채처럼 어지러웠다

 아내의 머릿결이 마지막으로 무슨 색이었던가 중앙선을 빗긴 스키드 마크는 짧은 곡선이었다 둥근 바퀴들이 내서는 안 될 소리를 흘렸다 그녀를 비켜가는 차량들은 모두 고개를 숙였다 여자가 내던진 옷가지들이 타이어 밑으로 빨려들었다 바퀴 아래의 어둠 속에서 단추처럼 작은 무엇이 소스라쳤다 노을, 입안에 피가 고였다 건너

편 보도블록 위로 올라서는 그녀, 뒤를 돌아보지 않았다

그믐이었다

고개를 쳐박고 오래 물밑을 들여다보는 사내

도무지 얼굴을 들어올리지 않았다

물때 낀 스티로폼 조각이 그의 엉덩이를 두드렸다

해가 지고 있었다 그의 등 위로 어둠이

수초 더미처럼 촘촘해졌다

비로소 그를 호흡하게 한 어떤 구멍이 물 아래 있어

환한 구멍 속에 코를 쳐박고 웃고 있었는지

하류를 향해 천천히 이동하는 식은 몸 주위로

검은 비늘들이 웅성거렸다

강폭 가득 그믐이었다

멈추는 사람

여자는 등뒤의 어둠에게
비명을 내지른다
사내는 잠시 발걸음을 멈추고
주변의 소리에 귀를 기울인다
사거리 편의점 앞 가로등이
흰 눈을 깜박거렸다
오토바이 뒷자리에 매달린
교복 차림의 여자 아이가
뒤따르던 택시의 본넷 위로
몸을 던진다 쿵 쿵 쿵
늙은 남자가 잠결에 소파에서 굴러
거실 바닥에 거꾸로 세워진다
형광등이 팟 팟 소리를 내다가
검어진다 연기가 난다
엘리베이터가 도착하지 않았는데
문이 열리고, 시커먼 주둥이에서
시멘트 냄새가 울컥 치솟았다
미처 발견하지 못한 비둘기가

은색 세단을 급히 멈춘다
가로등이 들쥐처럼 눈동자를 깜박거린다
심야의 DJ가 중얼거리는 문장들이
주유소 간판을 흔들며 지나간다
눈이 시퍼렇게 부푼 사내는
창문을 닫고 블라인드를 내리고 커튼을 치고
방 안의 모든 전구을 환하게 밝힌다

서슬을 치켜들고

외할머니가 소금을 뿌리자 매질이 시작되었다
  부러진 가지들이 처마까지 솟구쳤고
아버지는 간고등어처럼 축축해져서
  복숭아 가지는 부러진 가지
한 바가지 소금 아래에 몸을 파묻었다
  부러지는 소리가 마당에 가득했다
쏟아질 듯 고개를 떨군 그를 보며
  목덜미에 피가 맺히고 흐르고 그 위로
모두들 말이 없었다
  다시 복숭아 가지들이 부딪혔고
어머니는 마당을 내다보지도 못했다
  옷섶 아래에서 머리카락 속에서
알 수 없는 말들을 내지르며
  마침내 검은 뱀들이 기어나왔고
외할머니는 거의 실신할 것 같았고
  피 흘리는 뱀들의 뒤로 온통 어두운
마당이 아버지를 불안해 하고 있었다
  터널이었다 복숭아 속살 같은 그곳을

침묵은 마당을 덮고 수채구멍 언저리에서,
　아무도 들여다보려 하지 않았다
복숭아 가지 끝에서 소용돌이쳤다
　복숭아 가지는 부러지고 부러지고
소매를 걷어붙이고 다리를 절며
　처마 밑으로 쌓여갔다
외할머니는 매질을 멈추지 않았다
　어떤 가지들은 부러지고도
모두들 복숭아 가지가 휘젓는 침묵 속에 잠겨
　마당으로 떨어지지 않았다
아버지의 눈물을 기다리는 것이었다

물 아래의 몸

저녁 바람이 강을 건너고 있어 물 아래 물풀들을 가리키는 물살들 물소리들 그 부근에 내 육신이 누워 있어 그 자리에 물안개가 자욱했고 아무도 내가 누운 물밑을 바라보지 않았지

물 위에 비친 저녁 숲이 길어지고 다시 이지러졌어 숲의 꽉 다문 입술 안에서 흙빛 깃털이 들썩거렸지 나는 다만 그 깃의 디테일에 마음이 끌렸는데 어느새 물비늘을 가르며 온통 수면을 뒤덮으며 깃털들이 돋아나 조금 따뜻하고 조금 더 어두워지는 물밑

수면 위의 매끈한 어둠 한 켠이 붉게 무너져 저쪽 굽이가 출렁거려 여기에선 태양마저도 아가미를 끔벅거려야 하지 이곳은 물밑이야 모두 물에 몸이 닿아 있지 당신을 닮은 물풀이 물살에 흔들려 당신이 흔들릴 때만 물살의 방향이 보이지 안녕 그런데 왜 이곳에서 당신을 보게 되는 거지

저 먹장 바닥에서부터 별이 떠오르는 중이야 눈앞에서 강이 끝나고 있어 돌이킬 수 없는 내리막이야 저 별을 향해 중얼거렸던 말들이 물 밖으로 비릿하게 튀어오르는 중이야 푸르스름한 바람이 시야를 뚫고 지나가고 있어 그게 보여

내 것이 아닌 손바닥

 손끝에 핏방울을 만들어봐 거기 떠오는 육신의 구름을 봐 구름이 가리키는 눈동자를 봐 어두운 곳에서만 스스로 빛을 내는

 그건 아마 소리일 거야 귓속에 라디오를 켜 처음 듣는 음악이 어떤 날의 공원으로 너를 데려갈 거야 손목에서 미간으로 열이 오르고, 머리가 육신을 천천히 들어올리면

 올리브, 입을 열어봐 그 입 속의 향기를 쫓아가는 동안 껌 씹는 소리가 귀에 들려 그 소리의 끝에서 나를 발견할께 너에게 들어 올려줄께

 짧은 고통처럼 숨 쉬지 말고,

 공원에 이르는 골목의 어둠은 짙고, 골목의 끝에서 다시 꺾이는 골목의 명징한 모서리들,

 이상하지, 지문 아래에서, 낡은 레코드판처럼 돌아가

는 이것: 손아귀에 쥐어지지 않는, 놓쳐버린 감각처럼 자꾸 번져가기만 하는,

 죽지 않을 것 같아 거기서는

3부

오늘부터의 숲

키 큰 나무들의 검은 몸이 축축했다
그을린 벽돌과 꺾인 목재들이 포로들처럼 서 있었다
비 냄새가 끼쳤다
낯빛을 잃은 잎들의 배경에서
높은 새소리가 빠르게 흩어졌다
등뒤의 길바닥에서 잡풀들이 치솟고
숲의 복판이 굴뚝처럼 어두워졌다
뱀 한 마리가 잡풀 사이로 몸을 일으켰다
허리에 두른 무늬의 굴곡을 따라
출렁, 숲의 윤곽이 흔들렸다
여러 겹의 시간이 구부러지고 포개졌다
습한 바람이 숲의 바깥쪽으로 걸어갔다
숲이 흰 뿌리를 대기 위로 천천히 내밀었다

무수한 옆집 지붕들을 내려다보는 저녁

어둠 속에서 잘 보이지 않는
저 고양이는 붉은 외투를 걸쳤다
부채처럼 펼쳐진 지붕과 지붕 사이
새가 온 곳을 가리키는
고압선 20,000볼트도 붉다

붉은 것들이 움직이고 웅크리고
눈 깜짝 할 사이에 사라진다
보이지 않는 것들은 붉다

지붕 위에서 새와 고양이는
노래하는 관계, 저녁이면 함께
어두워지는 관계
아주 오래된 지붕들을 바라보는
저녁들이지 지붕 사이로
골목길을 새겨 넣는 침묵이지
지붕 위에 펼쳐진 긴 시선이지

저녁 구름이 전신주를 지날 때
새는 눈을 감고
어느 지붕의 어둠 위에서
다음 어둠으로 고양이는 몸을 던진다
모든 지붕에서 어두운 것들이 뛰어내린다

검은 양초를 둔 테이블

손끝에서 검은 불꽃이
깜박 깜박 흔들리네 한 여자
창을 넘어오는 아카시아 향기처럼
소문 없는 여자

발 아래 아귀 같은 주둥이를 벌리고 선
기억들에 관해서라면, 그녀는
부러 시력이 나쁜 여자
그녀의 침묵에 관해서라면
그림자를 밟듯 지나쳐간 바람은
영원히 정지한 사물, 그 정지와 함께
잠시 흔들린 음절들이, 테이블 아래로
선득선득하였지만

눈밑의 그늘을 기울여
저편의 어둠을 응시하는
단단하고 가느다란 목덜미
그녀가 시선을 멈춘 자리에서

형태를 잃은 것들이 어두워진다

바람이 불어오는 쪽으로
천천히 번져가는 머리카락,
이곳의 안과 밖에 가득한

어머니, 장다리꽃

 해바라기가 지기까지 얼마나 많은 비가 내려야 할까요 젖은 땅에서 거대한 물방울들이 솟아올라요 아버지 가시나무 울타리를 지나며 바람의 옷섶이 찢어지고 있어요 마당의 풀잎들이 흔들려요 누가 저기에 녹슨 식칼을 꽂아둔 걸까 잡풀 사이로 붉은 물이 흘러요

 어머니는 돌아오지 않아요 단 한번도 떠나지 않았어요 뒤안 굴뚝 곁에 장다리꽃처럼 서 있잖아요 어디를 가시는 거예요 아버지 양철 문을 열면 소뿔처럼 부푼 물살들에 눈이 부실거예요 동생들이 마루에서 노래를 불러요 기억나세요 저 작은 입들이 불러 모으는 감 이파리 같은 날들

 해바라기를 보여주세요 젖은 귀를 말릴 거예요 연을 띄워주세요 아버지 당신의 그늘이 해바라기보다 더 높이 자라오르는 걸 보고 싶어요 웃음이 날 거예요 막내가 웃으면 마당 한 가득 더운 김이 필 거예요

어디로 가세요 아버지 부엌에서 벌써 들썩거리는 물소리가 들려요 천장 위에서 꿈틀대는 먹구렁이가 당신의 집을 데려갈 거예요 낫으로 벨 수 없는 물풀들이 마을을 뒤덮을 거예요 맥박을 거머쥔 그 손을 놓아요 구름이 지붕 위를 지나가고 있어요

변신

그의 등줄기에 햇빛이 새겨져 있다
불편한 듯 그는 잠시 눈살을 찌푸린다
젖힌 고개를 다시 세우는 그의 윤곽은 금속성이다
태양이 왼편에 있고 그의 시선이 오른편을 향했다
지나온 길이 빛을 내며 등뒤의 하늘을 가리켰다
손을 털며 그가 몸을 일으키자 어깨 위의 태양이 흘러내렸다
숲이 툭, 땅 밑으로 몸을 낮추었다
흐물흐물한 몇 개의 다리가 바람에 흔들리며
그의 몸 이쪽과 저쪽을 내다본다
그가 천천히 고개를 돌린다
완전히 고개를 돌린 그의 배경이 흐릿하다
폭설처럼 그의 시선이 내 얼굴 위로 쏟아진다
흙길을 밟으며 천천히 이쪽으로 몸을 돌린다
그가 온다 숲의 안쪽에서 거리를 향하여
발밑이 축축하다 지면 아래로 낙엽이 지고 있다
버럭 소리치며 나는 몸을 일으켰다
두꺼운 커튼을 열어젖혔다

눈을 뜰 수가 없었다
누군가 틀림없이 그를 기다려야 했다
이 밤 아래 누구나 마찬가지였다

톱니바퀴들의 숲

 불을 끄고 누우면, 숲을 내려오는 사내가 보인다. 그는 독한 술을 마셨다. 미끄러지듯, 굽은 길을 내려온다.

 딱딱 소리를 내는 톱니바퀴 같은 호흡들. 밤이었고, 사물들의 호흡과 함께 숲이 완성되었다. 숲은 숲, 어둠 속에서 스스로 빛을 발하는 눈동자와 눈동자 사이에, 얽힌 선들이 있다. 그 안에 끝나는 길이란 없다. 침묵이다 싶으면, 레일처럼 어둠 속으로 뻗어가는 수천의 길들.

 숲, 나는 비좁고, 거대한 곤충들이 가득한 어둠 속에 누워 있다. 그들의 뾰족한 발끝이 이마를 두드린다. 검고 딱딱한 무늬가 새겨진다. 왜 어둠은 되풀이되는가. 숲, 을 발음하는 입 속엔 어두운 벌레들이 자지러지고. 눈앞까지 밀려왔다 숲으로 되돌아가는 길들. 씻을 수 없는 입맛이 시야를 뒤덮고 있다.

 숲은 숲, 거대한 곤충들이 걷고 있다. 곤충들의 겹눈이 붉다. 짐작컨대 나는 외면당하고 있다.

사과가 있는 정물

정육점 붉은 유리문 너머
거리의 불빛에 흔들리는 의자,
정육점 주인 여자가
달력 그림 속의 사과를 보고 있다

여자는 벽 한가운데의 푸른 사과들이
시야를 꽉 채우는 걸, 올려다본 지 오래다
무릎 위에 가지런히 모은 손등이 급히 휜다
그녀의 눈이 사과만큼 부푼다
손끝이 치마 끝을 구기고, 잠시 후 멈춘다

푸른 사과는 길고 무성한 덩굴을 걸쳤다
푸른 사과는 두텁고 거침없는 손을 내민다

약국에서 나온 사내가 흘깃 쳐다보며 지나친다
벽에 걸린 달력 속에 푸른 사과가,
정육점 큰 유리문에 긁힌 자국이 있다
저녁의 거리는 직선 위에 있다

푸른 사과 그림이 있던 달력 아래
여자가 보이지 않는다
그녀가 앉았던 빈 의자 위에서
붉은 빛이
문밖을 내다보며 흔들린다

가방은 큰 입을 가졌네

가방은 큰 입을 가졌네 저녁의 거리를 지나오는 동안
깊은 숨을 들이키며 노래를 시작하네 가방의 큰 입이
흥얼거리는 주구(呪句)는 원을 그리고 가로등 불빛이 흔들리네
부도난 백화점의 쇼윈도에서 그가 발견한 것은

어떤 날은 가방이 그를 규정하지 불꺼진 진열장 안에서
저 마네킹은 얼마나 오랫동안 먼지 낀 유리 건너를
내다보았던 것일까 손을 흔들다 멈춘 저 여자의 손에
들려 있었을 작은 가방, 가방이 보이네 유리에 붙어 선

오늘 저녁의 어둠은 왜 그렇게 일렀던 것인지 진열장 앞에서
아무것도 손에 들지 않은 딱딱한 그녀를 바라보는 동안
너무 많은 그림자들이 유리창 위에서 잊혀져 갔네 이런

거대한 가방 앞에 서 있었던 것이지 가방이 불러주는 오래된

노래를 듣고 있었고 왠지 이곳에 온 적이 있었던 것만 같았지
　이런 종류의 멜로디가 익숙했던 것이지 오래도록

　머리를 숙이면 가방의 목소리가 들려왔네 놀랍게도 누군가 머리를
　지그시 눌러주었지 그러자 가방 속이었네 가방 앞에서 머뭇거림이
　길었던 게지 가방이 들려주는 노래는 아무도 용서하지 않았네
　그래 용서할 줄 모르는 가방 앞에서 그 문이 닫히는 걸, 그 너머를

　가방은 큰 입을 가졌고 그는 가방의 어깨에 매달려 저녁의 거리를
　지나왔네 어두운 천장에 박힌 가로등이 가방의 걸음걸이에 맞춰
　흔들리네 뚜벅 뚜벅 너무 많은 것들이 가방 안을 들여다보네

흑점

태양이 오네 튀어오르는 햇빛, 그 불 속으로 1인치라도 들어가고 싶네 1인치 밀어낸 만큼 커지는 허공, 선명한 경계, 사라지기 직전인 자를 위한,

한 번 눈감은 일이 그대를 문으로 만들었네 훤히 내다뵈는 저쪽에 그대가 없네 오래 기울어진 그림자는 문밖까지 흔들리는데 만지지 못하고 말하지 못하고 통과할 수만 있네

길이 아닌 곳을 비추는 그대, 거짓이므로 가장 빛나는 표면, 위로 느리게 자라는 구멍

길 밖으로 해 넘어가네 골목 안쪽에서 지평선이 굽은 등을 펴네 깊은 저편 애써 기울인 그림자도 내 것이 아니네

어느 날 수평선의 중심에서

그의 이마 위 굵은 정맥이 낚싯줄처럼
팽팽해졌다 힘껏 쇠줄을 끌어당기는 기계음을 따라
고개를 꺾은 오징어들이 줄이어 쏟아졌다
희고 미끌거리는 그것들의 몸 위로부터
큰 눈알들이 허물어졌다 그는 그 눈알 속에서
그것이 오징어일 수 없는 이유들을
발견했다 어떤 오징어의 눈동자가 해구보다 깊다는 사실이
이런 날은 눈앞에서 밤새 몇 번이나 증명되는 것이다
수평선에서 다른 배들의 불빛이 가물가물 흔들렸다
잠시 뒤면 이 위태로운 선분에서 내려설 수 있다
갑판 위에서 죽은 듯 꼼짝 않는 저 눈알들이 그의
생계를 굴려갈 것이다 그의 손은 부지런했고 창고는
금세 훌륭한 생물로 가득 차올랐다 완벽했다
그런데 지금 막 불을 끄고
천천히 뱃머리를 꺾는 저 배의 사내도 이런 눈알들의 허한 속을
밤새 들여다보았던 것일까 그 냉동 창고에도 이런 눈

알들이
　우글거리는 걸까 아직 불빛이 환한 저 이웃의 배
　갑판 위로도 그것들이 고개를 꺾고
　눈알들을 쏟아내고 있는 걸까 검고 미끄럽고
　꿈꾸는 듯한, 강낭콩만하고 주먹만한 그것들이
　이 새벽, 일출로부터 달아나듯이
　수평선의 이편에서 저편으로 불빛들은 줄을 잇고 낚
싯줄은
　부들거리는 손아귀를 덥석 덥석 잡아당긴다

눈감으면 어둠이다

 내리막은 어두운 골목이었다 등 뒤쪽에서 튀어나온 계집아이는 슈퍼마켓의 불빛 속으로 사라졌다 아이의 팔과 다리는 만지고 싶을 만큼 가늘었고, 어깨에 맞춰 자른 생머리가 찰랑거렸고, 한쪽 손에 무엇을 꽉 움켜쥐고 있었다 어둠을 벗어나며 그녀가 뒤돌아보았을 때, 뒤돌아보며 사라졌을 때, 골목 끝으로 아는 여자의 기억이 서둘러 지나가고 마음 속에 바람 한 점 불지 않았다

 미장원 옆으로, 목욕탕 뒤로, 야채가게 왼쪽 계단으로 멀어져 가는 저 수많은 계집아이들. 입구가 보이지 않는 골목을 찾아 사라지고, 다시 열 명의 계집아이들이 등 뒤에서 나를 지나치며 열 개의 보이지 않는 골목을 열고 사라진다 다시 열 한 명의 계집아이들이 등 뒤에서 열 한 개의 문을 열고

 서둘러 이곳을 빠져나갈 수 있다면, 거대한 손이 나를 들어 올려준다면. 그러자 기억이 났다 종일 머리채를 쥐고 흔들던 두통, 착각 마시길, 나는 이 골목에서 당신의

귀갓길을 함께했던 것 가로등에 밀려 골목 안으로만 깊어지는 어둠처럼 당신의 집 앞을 서성거렸던 것 눈을 감지 않기 위해서 용기가 필요했으므로

  그런데 뒤돌아보는 자의 가면은 왜 재투성이인가

폐가(廢家)의 힘

날카로운 나비들이 쏟아져 들었다
창 밖을 넘실대던 빛들이
바람을 밟으며 들이닥쳤고
그는 거의 거꾸러질 뻔했다

마당 한 구석의 어둠으로부터
일직선으로 달려오는
기관차가 보였다 빈집,
흙바닥 아래 고인 불길이
오랜 먼지들을 밀어올렸고
한사코 엎드린 것들이
폐가의 중심을 향하여
전진하기 시작했다

그곳에 꽃이 핀 건
순전히 우연이었다.

비둘기

그는 광장의 계단을 내려오고 있다
  비둘기들이 긴 계단의 상단에 내려앉았다
그는 광장의 계단을 내려오고 있다
  비둘기들이 날개를 접고 계단의 왼쪽 끝에서 오른쪽
끝을
그는 광장의 계단을 내려오다가
  바라보았다 그의 걸음이 멈추었다 비둘기는
고개를 들었다 광장이 보이지 않았다
  모두 하얀 색이었다 한 마리가 날개를 펴고 치솟았고
비둘기들이 광장의 햇살들을 분지르며
  모든 비둘기들이 흰 빛을 잃고 날아올랐다
날아올랐다 더러운 깃털들이 그의 눈을 가렸고
  잿빛 기둥이 광장의 중심을 차지하자
광장으로 내려가는 모든 계단들이 걸음을 멈추었다
  그는 계속 걸어갈 이유가 없었다
그는 계단을 내려가는 중이었다 비둘기들은
  끊임없이 깃털을 뿌리는 비둘기들은
알고 있다 그는 멈추었고 광장이 비둘기들을

노래하고 있었다 거대한 화음이 광장의 중심을
경배하며 몸을 낮추었다 그는 한순간에 모든 것을
가득 채웠다 깃털들의 기둥은 거짓말을 하고 있다
놓아버렸다 깃털의 무덤 속으로 사라지는 자신을
그가 사라지기 시작했다 수천의 비둘기들이 그를
그는 믿기로 했다 그는 생각하기 시작했다 수천의 비
둘기들이
힐끔거렸다 광장이 그를, 비둘기들이 광장을, 거짓이
비둘기들을,
노래 소리를 더욱 높여갔다 비가 내릴 듯한 하늘이었고
비둘기 위로 온통 구름이었다

고양이에게 고양이를

 소개하겠습니다 그녀는 밤 내도록 구부러져 있다가 늦은 아침 몇 번의 잔기침과 함께 등을 펴고 침대 밑에서 태어났습니다 등장하자마자 내가 쓰던 수건으로 몸을 문지르고 내가 걷어찬 이불을 핥으며 내가 되었습니다 한 번 침대 위로 올라온 후 다시는 바닥으로 내려가지 않습니다

 그리고 이제 밤이 되었군요 나는 당신을 만나고 싶은 지 오래이지만 지금은 저 깊고 부드러운 털 속에 묻혀버린 나를 만나고 싶습니다 고양이가 침대를 넓게 펼칩니다 고양이가 눈을 감아요 어쩔 수 없군요 나도 고양이의 꿈속으로 자리를 옮겨야 합니다

 잠깐 시간을 멈추겠습니다 소개를 마치지 않았어요 당신에게 그녀를 소개하겠습니다 두 눈이 해바라기처럼 크고 털이 온통 하얀 고양이입니다 매일 짧은 시간 동안 당신을 만나게 해주세요 놀래키지 말고 바쁜 모습 보이지 말아요 잠시만이에요

 고양이가 웃을 때가 있어요 가끔일 뿐이에요 그럴 때 그녀의 눈빛이 아주 길어집니다 침대에서 흘러내릴 만

큼 길어집니다 고양이가 고양이인 동안 당신이 긴 웃음의 한 귀를 잡아 줄 수 있다면 좋겠어요 그럼 진짜로 당신에게 이 소개를 마칠 수 있을 테니까요

  지금은 그냥 발등 위의 고양이를 보고 있습니다 매일 짧은 시간 동안 그녀에게 틈을 보여주세요 소개를 받아주세요 그녀는 침대 밖의 인생에게 별 관심이 없습니다 천천히 당신에게 도착하고 있습니다 완전히 새롭게 웃는 고양이에요

  아 다시 고양이가 눈을 떠요 깊은 꿈으로부터 빠져나와 침대 끝에서 막 둥글게 펴지는 두 송이 해바라기 갸르릉

꽃잎

수은등 배꼽에 하얀
꽃잎이 붙어 있네
날것들이 와서 건드리면
바람난 치마처럼 살풋
들썩이네 그때마다
물기 없는 금속성의 빛이
인도와 도로 사이에
내리꽂히네

아주 느리게
시속 100킬로미터의 달빛
지나가네

검은 새

안개 속에서 검은 새가 튀어나왔다
저 새가 검은 것은 내게 아무것도 반사하지 않기 때문이다
앞서가는 그의 발자국이 보이지 않았다
갯내가 끼쳤다
보이지 않는 것을 확신하게 되는 순간
안개 속에는 검고 깊은 구멍이 있다
누군가 나를 밀고 있다
나도 그를 밀고 싶다
안개는 바람을 실어 나르고
지워지는 그의 등에 포말이 일었다
누가 노래를 불러주었으면 싶었다
먼 곳에서 누군가 다가오고 있다
나는 노래를 부르고 싶지 않았다
안개를 손에 쥐면 물기가 느껴졌다
불빛이다, 생각한 순간 거기 누가 서 있는 게 보였다
파도 소리가 들렸다
새의 형상을 한 흑점이 날고 있다

나는 지금 구멍이다

4부

담쟁이덩굴 밑에서 낙서가 자란다

벽시계 건전지에서 파낸 탄소막대기로 기억에 낙서를 하던 소년은 배가 고파졌다 해가 지고 있었다

때묻은 옷을 입은 여자가 어디 사느냐고 물었을 때 소년은 그녀의 어깨 너머를 가리켰다

소년이 서 있던 골목을 지나온 사람들은 모두 얼굴 한쪽이 비뚤어져 있었다

톱날 같은 바람이 몰려들어 뺨에 붉은 자국을 내는 동안 소년은 저녁의 태양을 뚫어져라 쳐다보았다

깜박거리는 두 눈 사이에 은화 같은 허공이 반짝였다

구멍의 깊이

 갑자기 밀려든 불길과 연기를 피해 온 산의 짐승들이 죽을 힘을 다하는 동안 노루 한 마리가 저수지로 뛰어들었다 불길에 휩싸인 소나무들이 고스란히 수면에 일렁거렸다 저수지 차가운 물 한가운데서 노루는 맑은 눈을 굴렸다 미친 듯이 몸을 흔들며 붉은 기둥이 하늘로 오르는 것을 지켜보았다 뜨거운 구름 사이로 저수지처럼 푸른 배경이 명징했다

이슬을 건너다

달팽이 한 마리 전진한다
한 숲의 저녁을 가장 높은 풀잎까지 밀어 올린다
이슬까지 이르면
고사리 숲을 지나온
길었던 종적은 끝이 나리라
일렁거리는 물밑을 열면 그곳에
반시계 방향으로 떠오르는 황혼,
고목의 수맥을 거슬러
황혼까지 치솟는 낙엽들
이슬 저 너머 풀잎에서 건너오는
거꾸로 선 숲의 광활함
열린 문의 저쪽에서
아무도 밟지 않은 길이 다시 이어져도
더듬이를 거두지 말아야지
숲의 한가운데를 가로지르는 길이
사라지는 자를 위하여 일어서리라
더딘 걸음은 풀잎 고개를 넘고 있다
집채만한 이슬이 풀잎 끝에서 흔들린다

그의 우산

　우산을 펼친 사람, 그의 보폭 아래로 온 들의 풍경이 죄 걸어 들어가네

　무뚝뚝한 지팡이 밑으로 산이 몸을 기울이고, 종적을 잃은 길이 넘실거리네 지팡이 한쪽 끝에서 별들이 소용돌이치네

　가만히 보니 알 듯도 한 새벽인데, 거기 마당 가운데 움푹한 데 키 큰 나무들이 너울거리네 머리에 흰 잎 붉은 잎을 매달고 긴 팔을 흔드네

　나와 흰 나무와 그 사이의 너와 오늘과 어제와 새털구름과 가을 바람이 모두 그의 우산 아래에 있네 짧게 한 번 기침 소리가 들렸네

처녀가 보인다

그녀는 늙고 있다
빙하처럼 바람이
얼굴 여기저기에 길을 냈다
혈색은 그날의 달빛만큼 희다
그녀는 그곳에서 빈집을 이루었다
처마 끝에서 마른 빗물이 듣는다
빗물이 떨어진 자리에 다시 어둠이
그리고 방문을 두드리며 가끔
거친 바람이 들이쳤다
방문을 열어주지 않는 것으로
그녀는 그곳에 처녀처럼 있다
그리고 그늘에서 서늘한 눈빛이 빛날 때
가장 환하게 웃을 때
처마 밑이 빈 그릇처럼 불안하다
빈집의 바람 소리 아래
오래된 사금파리들이 길을 낸다
그 길을 따라 다시 그곳으로
그녀는 처녀가 되어간다

낯선 바람의 주름진 손, 그 속의 굽은 길,
곧이다, 저 앞에, 지붕 위의 바람 그 너머에
처녀가 보인다

붉은 방

그녀의 얼굴, 붉은 옷을 입고 있다
맑은 피가 송글송글 맺힌 부드러운 내부로부터
이따금 웃음이 터져 나온다

붉은 옷과 그 뒤의 얼굴 사이에 불이 켜졌다가
꺼진다 나는 개구리처럼 쪼그린 채 기다린다
찰나를 노려, 붉은 옷과 그녀의 얼굴 사이에
다이빙!

그녀의 웃음이 고무공처럼 튀어올랐다, 곧바로
붉은 웃음이 데구르르 탁자 위로 떨어져 구른다
손을 뻗어 주워 올리면
손가락이 뜨겁게 찢겨나갈 것 같다

그리고 틀림없이 그 사이에 거대한 틈이 있다
두 눈을 부릅뜨고 온몸의 시위를 당겨둔다
귀 밑에서 하이톤의 소음이 팽팽하다

창 밖의 그들

유리는 차갑고 매끄러워서
이곳과 저곳의 사이를 메운다

내가 보기엔 너랑 나랑
내가 보기엔 너와 네 곁의 너와 다시 너와
내가 보기엔 그들 가운데의 그와 그 사이에

너는 왜 거기 서 있게 된 거지

텅텅 울리는 소리
몸이 흔들리는 소리

왜 빛나는 건 늘 거기 있는 걸까
거기 있는 게 늘
보이는 걸까
건너뛰는 건 없기로 했잖아

사랑합니다

괜찮아요

떨리는 손을 바라보는 자의 신음,
정적이 육체를 갉아먹으리라

약간의 차이를 두고 이곳과
저곳의 불빛이 흔들린다
전화벨이 울리고

너는 다시 여기에서 시작된다

누군가 식사시간을 알려주었네

식당 유리문을 열고
삭발한 사내가 들어섰네

여름이었고, 그가 두고 간 눈빛
갓 삼은 새끼줄 같았네

그 새끼줄 타고 옥상에 올랐더니
장마 지나도록 내려올 수 없었네

옥상 위, 물탱크 위, 그 위에서
비 사이로 달이 떴네

물탱크 위 누워 바라본 하늘
구름 뒤편은 검고 깊었네
누군가 식사 시간을 알려주었네

황금나무에서 잎들이 내려, 서듯이
새벽까지 이어 흐르는 게 있었네

그게, 녹은 달이란 거
보지 않고도 알 수 있었네

골목 이야기

골목에 들어선다
골목이라 부를 것이 없다
머릿속에서 잠드는 뱀
잠 속에서 잠들고 발밑에서
기침처럼 뒤척이는
뱀이 길다 구불구불하다
골목이 끝나지 않는 것처럼
그의 꼬리는 사라지기 직전에만 발견된다
이곳은 골목이다
시작되지도 끝나지도 않는 길들이
골목 밖의 뱀에게 다리를 붙여준다
길이 꺾이는 곳에 또 다른 길이 입구를 쳐든다
전화벨처럼 달빛이 흔들린다
높은 곳에서 내려오는 물소리
저곳까지 골목이다
가는 길이 구불구불하다

안개로부터 시작되는

그 안에 누군가 숨어 있다
갑자기 길을 막고 선, 큰 입

사방 스무 평의 높이 솟은 담 안쪽
담쟁이덩굴이 늙어가는 붉은 벽 아래
녹슨 칼이 꽂혀 있다
죽은 나무를 타고 오르는 습한 그늘
누군가 종적을 잃은 그 길을 따라
낮게 울려 퍼지는 모음들, 막막했다

안개 - 그것은 하찮은,
믿음에 지나지 않았다는 것

어떤 사실은 안개로부터 분명해졌고
지워진 세계가 매우 가까워졌다
비로소 사적인 시야를 갖게 되었다

| 발문

틈과 겹, 사적인 시야 안에서 떠오르는

_ 하재연(시인)

왜 빛나는 건 늘 거기 있는 걸까
거기 있는 게 늘
보이는 걸까
건너뛰는 건 없기로 했잖아

#시선

그의 시선을 따라가 본다. 느리고 끈질기다. 그의 웅숭깊은 눈동자에 사물들의 어슴푸레한 윤곽이 비친다. 윤곽들이 겹쳐지고 일렁이다 뚜렷이 떠오르는 순간, 그의 눈동자가 반짝 빛난다. 아무렇지 않은 풍경들, 심상한 장면들 속에 끼어 있던 수상한 기미들이, 어두운 기억들이, 낯선 형태들이 스멀스멀 움직이기 시작한다. 겹

겹의 그늘을 지닌 오래된 윤곽들이 처음 보는 것처럼 이상한 형체를 하고서 나를 매혹시킨다. 우리들은 늘 네 곁에 있었다는 듯이, 버려진 우물 뚜껑은 언제라도 열릴 수 있다는 듯이.

  내 눈의 점막은 약간 다른 색깔이 되거나 조금 더 투명해진 것 같다. "빈 방을 비게 만드는 시선"(「형광등의 시선」)으로 나의 눈동자는 사물들을 담는다. "밤이 오고 다른 밤이 오고 다른 밤이 오"(「이 버튼을 누르지 마시오」)는 동안, 이 밤의 색깔들이 달라지는 순간을 알아차릴 수가 있다. 내 엷어진 눈 안에서 "형태를 잃은 것들이 어두워진다"(「검은 양초를 둔 테이블」). 그러므로 나는 어두워졌지만 사라지지 않은 이들에 대해, 이들의 잃어가는 형태에 대해 말할 수 있는 자이다. 아니 그의 시선을 따라가는 나는, 이 지워진 세계들에 닿아 있는 여러 개의 골목 앞에 서 있는 사람이다.

>붉은 것들이 움직이고 웅크리고
>눈 깜짝할 사이에 사라진다
>보이지 않는 것들은 붉다
>
>지붕 위에서 새와 고양이는
>노래하는 관계, 저녁이면 함께

> 어두워지는 관계
> 아주 오래된 지붕들을 바라보는
> 저녁들이지 지붕 사이로
> 골목길을 새겨넣는 침묵이지
> 지붕 위에 펼쳐진 긴 시선이지
> ―「무수한 옆집 지붕들을 내려다보는 저녁」 부분

 그는 '보이지 않음'과 '붉음' 사이에서 '움직이고 웅크리고 눈 깜짝할 사이에 사라지는' 것들을 좇는 눈길을 가졌다. 그들은 이미 사라져서, 지금 여기에 없는 '붉음'이지만, 우리는 이 순간을 기억하기로 한다. 빛과 소리의 반대편에서 어두워지면서 침묵으로써 자신을 소리내는 사물들, 이 부재로서의 자기증명의 순간을. 그리고 이들을 좇는 '긴 시선'이 가지고 있는 부드러운 궤적과 조심스러운 완강함에 대해, 떠올려보기로 한다.

#그와 나 사이로 굽은 길

 '그'와 '나'가 있다면, 이 둘은 지금 여기의 세계에서 분명히 '나'와 '그'로서, 존재한다. 존재할 수밖에 없는 것이다. 그런데 그의 시에서 '나' 밖의 것들은 때로 '나' 안으로 들어온다. 이상한 주술이다. 어느 날은 '그'가 '나'로

되는 것을 지켜보기도 한다. 수상한 마법이 아닌가?

> 멀리 있는 것들이여
> 내 밑으로 내려가라
> 라라라 라라라
> 훤히 보이는 바닥에서
> 낳는 자 없이 태어난 것들이
> 죄 없이 투명한 것들이
> 수면 위에 켜켜이 쌓이는
> ―「Suicide Bubble」부분

> 어느 날, 나는, 우물 속에서 기어 나오고
> 우물 밑에서 내 디딤발을 붙들며
> 다시 내가 기어오르고, 그 밑에 또,
> 그 어느 날의 내가,
> 이끼 낀 손을 치켜들며
> 우물 밖으로 쓰러지는,
> 내 소유가 아닌 몸을 지켜보는 것이지
> ―「그와 나 사이로 굽은 길」부분

"내 소유가 아닌 내 몸을 지켜보는" 그의 끈질긴 눈길로 인해 이 주술과 마법은 탄생한다. "멀리 있는 것들이

여/내 밑으로 내려가라"라는 외침 속에 "낳는 자 없이 태어난 것들"이 거품처럼 솟아오르는 장면의 초현실성은 매력적이지만, 기이하게 현실적이기도 하다. "라라라 라라라"라는 구절은 그러므로 환상적인 노래가 아니라, 현실과 뒤섞여 있는 일그러진 주문이 되어 우리의 귀를 침입한다. 주문은 묘하게 달콤하되, '자살'하듯 치명적이다.

"그 어느 날의 내가,/이끼 낀 손을 치켜들며/우물 밖으로 쓰러지는" 모습을 바라보는 장면은 그야말로 그로테스크하지 않은가. 그러나 그가 그로테스크함 자체에 대해 말하고 싶은 것은 아니다. '그'와 '나' 사이에 놓인 굽은 길, 우리가 알아차리지 못하거나 알고 싶어 하지 않는 이 길이 불쑥 나타나기도 한다는 것에 대해, 우리가 그 길을 결코 가로지를 수 없음을 절박하게 느끼는 자로서 말하고 싶은 것이다.

#빈틈

그러므로 당신도 그의 주술과 마법을 구경하고 싶다면, 자세를 낮추고 숨을 죽이고 어둠을 응시해야 한다. 시간은 냉정한 것이어서, 당신을 자꾸 앞으로 떠밀고, 당신의 뒤에는 눈이 없으므로. 아주 잠시 동안의 순간과 아주 약간의 틈이 있을 뿐이다.

    등뒤의 길바닥에서 잡풀들이 치솟고
    숲의 복판이 굴뚝처럼 어두워졌다
    뱀 한 마리가 잡풀 사이로 몸을 일으켰다
    허리에 두른 무늬의 굴곡을 따라
    출렁, 숲의 윤곽이 흔들렸다
    여러 겹의 시간이 구부러지고 포개졌다
    습한 바람이 숲의 바깥쪽으로 걸어갔다
    숲이 흰 뿌리를 대기 위로 천천히 내밀었다
                               —「오늘부터의 숲」 부분

    들이킨 숨을 내쉬기 직전,
    그 틈 한가운데에 이 순간이 있다
    그런데 과연 문이 열리겠는가
    그곳에 문밖이 있겠는가
    볼 수 없게 되어 있는 쪽으로
    누가 흘깃 쳐다본다
                                —「그가 떠난 뒤」 부분

  숲의 윤곽이 흔들리는 건 잠깐이고, 틈 가운데의 순간을 알아차리기란 쉽지 않다. 거기는 일상적인 눈으로 일상적인 시간을 살고 있는 당신에게는 "볼 수 없게 되어 있는 쪽"이기 때문이다. 이 비밀스러운 순간에 구부러지고 포개지는 "여러 겹의 시간"들을 그는 당신에게 펼쳐 보인다. "그런데 과연 문이 열리겠는가/그곳에 문밖이 있겠는가"라는 의문에 끊임없이 속박당하면서, 그 의문의 질긴 현실성을 마주하고서야, 당신의 등뒤와 열린 문밖으로 숲의 어둠과 그늘의 사이가 또렷이 떠오른다.

그가 당신에게 펼쳐 보이는 여러 겹의 시간들의 비밀이 궁금하다면, 달리의 초현실주의적인 그림처럼 펼쳐지고 늘어지는 시간이 만들어내는 불길한 색채와 질감을 당신도 경험하고 싶다면, "그의 우산"을 써볼 것을 추천한다. "나와 흰 나무와 그 사이의 너와 오늘과 어제와 새털구름과 가을바람이 모두"(「그의 우산」) 그 안에 '넘실거리고', '소용돌이치는' 그의 우산 말이다.

이상한 성장기

나는 그에 대해 조금은 오래 알아왔다고 생각한다. 그는 쉽게 가벼워지지 않으나, 유쾌한 사람이다. 타인의 말에 귀를 기울이지만, 유연하게 자신의 생각을 표현하는 능력을 가졌다. 소년의 얼굴과 어른의 목소리를 함께 가진 사람이다. 그러나 나는 그에 대해 조금은 알고 있는 것일까?

"그녀는 속삭임, 그녀는 무도회,/잊혀지는 저녁과 귀 기울임/이 숲은 그녀의 것"(「꽃잎에게 나는」)이라 말하는 그의 눈길은 언제나 새로운 경이를 발견해내는 소년의 그것을 닮아 있다. 하지만 그 소년은 "나는 잊혀졌다 그곳에서, 내가 이름을 부르면 지숙이는 흰 얼굴을 들어올린다 나는 삐걱거리는 나무 복도에 서 있고 지숙이는 빈 교실에 있다 그 복도를 떠나고 싶지 않았다"(「지숙이, 잊혀진 마을에서」)고 죽은 지숙이를 참담하고 건조한 목소리로 기억해내는 성장한 소년이다. 나는 그의 시에서 겨드랑이에 검은 수염이 자라는 소년의 '면도날' 같은 성장기를 읽는다. 성장과 죽음이, 소년과 청년과 노인이 겹쳐 있는 이상한 성장기이다.

그의 시에는 유년과 아버지와 어머니와 동생과 친구들이 등장하지만, 출생과 가족보다 훨씬 강력한 것은 그 마을의 "들썩거리는 물소리"와 "천장 위에서 꿈틀거리는 먹구렁이"와 "그 물풀들에 관한 이야기"이다. "낫으로 벨 수 없는 물풀들이 마을을 뒤덮을 거예요"(「어머니, 장다리꽃」)라는 심상치 않은 전언이다. 그러므로 그가 "육신을 떠난 체온은 집요하게 길을 되돌린다 반복이 그 순간의 앞과 뒤를 지운다 말끔하게"(「마릴린의 치마」)라고 말할 때 그의 이상한 성장기에 등장하는 가족과 친구들은, 힘이 센 반복의 시간들을 대신하는 이름이다. 아주 단순하게 말해서, 우리가 '기억'이라고 부르는 그것.

> 톱날 같은 바람이 몰려들어 뺨에 붉은 자국을 내는 동안 소년은 저녁의 태양을 뚫어져라 쳐다보았다
>
> 깜박거리는 두 눈 사이에 은화 같은 허공이 반짝였다
> ―「담쟁이덩굴 밑에서 낙서가 자란다」 부분

> 보이지 않는 것을 확신하게 되는 순간
> 안개 속에는 검고 깊은 구멍이 있다
> (…)
> 불빛이다, 생각한 순간 거기 누가 서 있는 게 보였다
> 파도 소리가 들렸다
> 새의 형상을 한 흑점이 날고 있다
> 나는 지금 구멍이다
> ―「검은 새」 부분

저녁의 태양을 뚫어져라 쳐다보는 소년의 두 눈 사이에 '은화 같은 허공'이 뚫린다. 그것은 반짝이는 검은 구멍과도 같다. 소년은 안개 속의 검고 깊은 구멍을 발견하

고, 구멍의 깊이를 헤아리고, 자신의 깊숙한 구멍을 들여다본다. "나는 지금 구멍이다"라고 말하는 그는, 그러므로 반복해서 그 구멍의 어둠과 깊이를 되새기는 소년이고, 성장했지만 자라는 것이 끝나지 않은 소년이다. 빛을 빨아들이며 느리게 자라는 구멍이다. 이 구멍 안에서 기억들은 "새의 형상"을 하고서 오래오래 파닥거린다.

그늘, 그리고 사적인 시야

나는 그의 시선의 궤적을 따라 "구름과 구름 사이 언뜻 비치는 빈틈"(「그늘이 있다」)을 발견한다. 그늘의 색깔과 무늬와 온도를 찾아내는 그의 촉수는, 때로는 파충류의 그것처럼 끈끈하다. 겹눈으로 찾아낸 사물의 모서리들은 우리가 알고 있다고 생각했던 것보다 훨씬 더 명징하기도 하다. 낯익었던 골목들이 이상한 감각으로 번져 나가 거울 미로 앞에 서 있는 것처럼 신기하다. 이 낯선 풍경들은 "1인치 밀어낸 만큼 커지는 허공, 선명한 경계, 사라지기 직전인 자를 위한"(「흑점」) 것이어서, 1인치를 놓친다면, 그 허공의 선명한 경계를 가늠할 수 없다. "꼬리는 사라지기 직전에만 발견된다"(「골목 이야기」)는 것을 그는 알고 있으므로, 서두르지 않는다. 그는 추궁하지만 즐기는 자이다. 서서히 거리를 좁혀가면서, 범인의 정교한 계획과 아름다운 알리바이를 마련해주는 탐정처럼, 그는 면밀하고 신중하다. 그리고 그늘의 어둠과 틈 사이의 시간을 볼 수 있는 시야를 갖기 위해서 필요한 것은 용기, "눈을 감지 않기 위한 용기"(「눈 감으면 어둠이다」)이다. 이 용기가 그의 사적인 시야 안에, 지워진 세계를, 잊혀진 골목들을, 지나쳐간 그늘을, 불러오고 펼쳐놓고 드리운다.

>어떤 사실은 안개로부터 분명해졌고
>지워진 세계가 매우 가까워졌다
>비로소 사적인 시야를 갖게 되었다